Impressum
Verlag: BABADADA GmbH, Nedderfeld 112 , 22529 Hamburg
Geschäftsführer / Verlagsleitung: Harald Hof
Druck: Books on Demand GmbH, In de Tarpen 42, 22848 Norderstedt

Imprint
Publisher: BABADADA GmbH, Nedderfeld 112 , 22529 Hamburg, Germany
Managing Director / Publishing direction: Harald Hof
Print: Books on Demand GmbH, In de Tarpen 42, 22848 Norderstedt, Germany

школа
sekolo

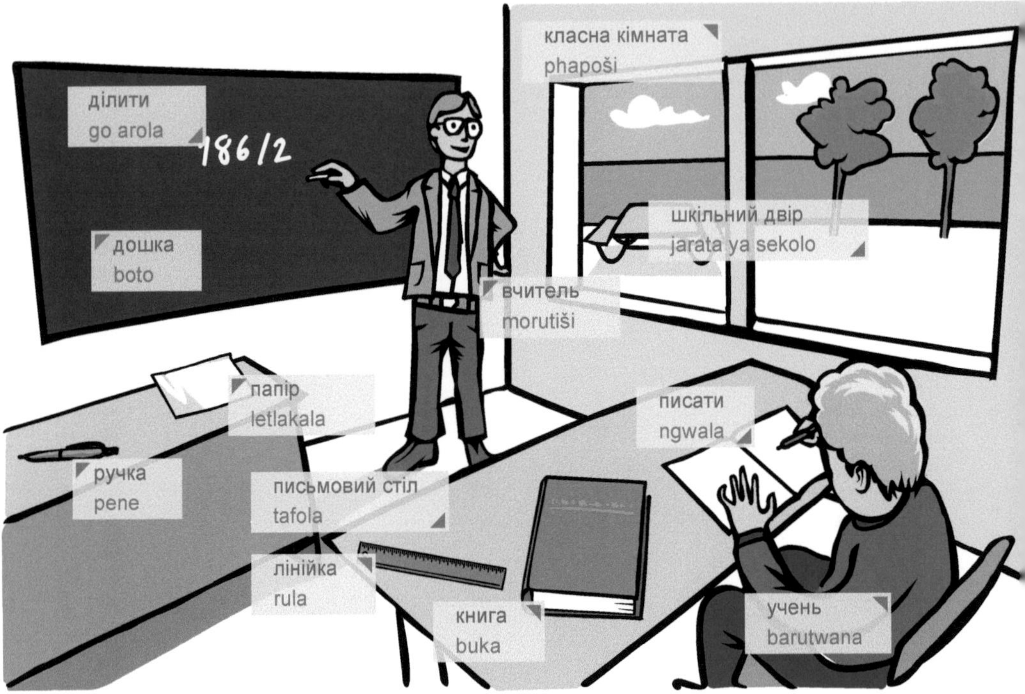
класна кімната
phapoši
ділити
go arola
186/2
дошка
boto
шкільний двір
jarata ya sekolo
вчитель
morutiši
папір
letlakala
писати
ngwala
ручка
pene
письмовий стіл
tafola
лінійка
rula
книга
buka
учень
barutwana

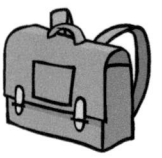

ранець

peke

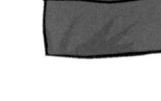

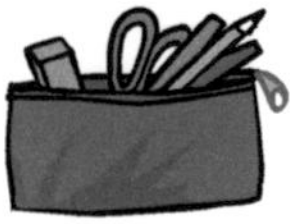

пенал

kheise ya phensele

олівець

phensele

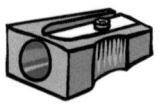

точило

motšhene wa go betla phensele

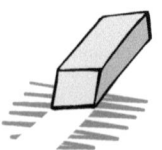

гумка

rabhara

альбом для малювання

phede ya ho thala

малюнок

go thala

пензель

borashe ya go penta

коробка фарб

lepokisi la go penta

ножиці

sekero

клей

sekgomaretši

зошит

puku ya go ngwala

домашнє завдання

mošomo wa gae

число

nomoro

додавати

tlatša

віднімати

go ntšha

множити

go atiša

рахувати

khalekhuleitha

літера

lengwalo

абетка

alefapete

слово

lentšu

текст

mongolo

читати

bala

крейда

tšhoko

година

thuto

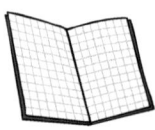

класний журнал

puku ya maina

екзамен

thuto

диплом

setifikeite

шкільна форма

diaparo tša sekolo

освіта

thuto

лексикон

encyclopedia

університет

yunibesithi

мікроскоп

maekrosekoupo

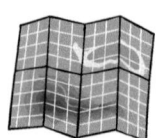

карта

mmapa

кошик для паперу

pasekete ya matlakala a
ditšhila

подорож

eta

готель
hotele
Grand
турбаза
hosetele
ROOMS
EXCHANGE
обмінний пункт
lefelo la go fetola tšhelete
валіза
sutukheise
автомобіль
koloi

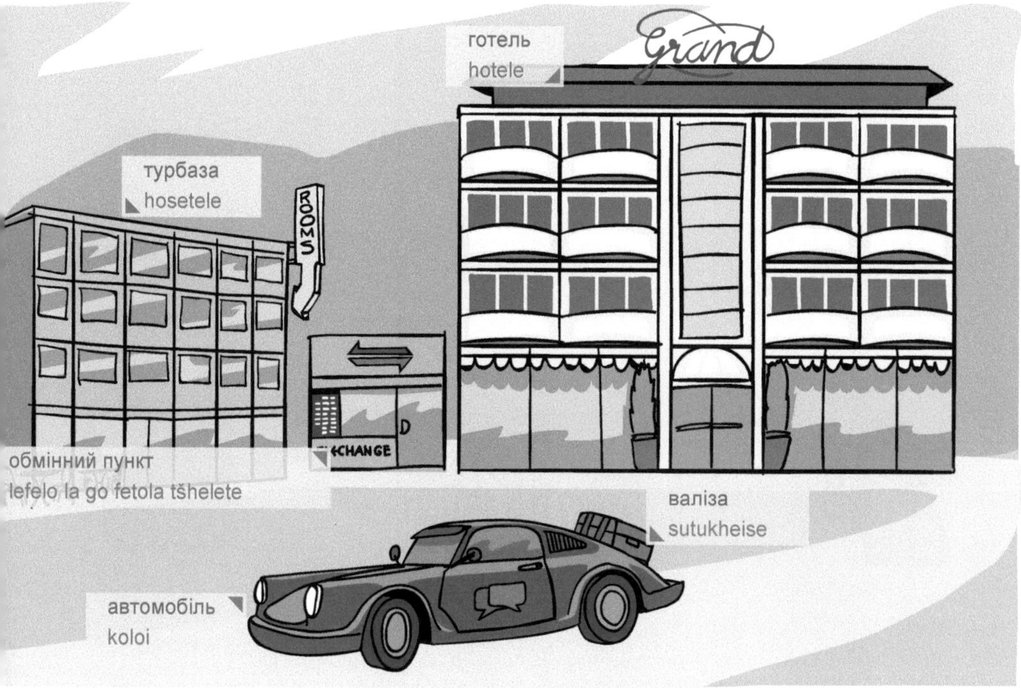

мова

Leleme

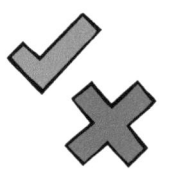

так / ні

ee / aowa

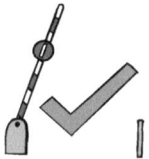

добре

Go lokile

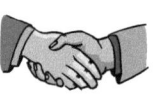

привіт

Dumela

перекладач

mofetoledi

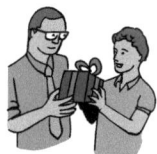

дякую

Re a leboga

Скільки коштує ...?

... ke bokae?

Я не розумію

ga ke kwešiše

проблема

bothata

Добрий вечір!

Thobela!

Доброго ранку!

Meso e mebotse!

На добраніч!

Robala botse!

До побачення

šala gabotse

напрямок

keletšo ya tsela

багаж

peke

сумка

peke

рюкзак

mokotla wa dipuku

гість

moeng

кімната

phapoši

спальний мішок

pekana ya go robala

намет

mokhukhu

туристична інформація

boitsebišo bja moeti

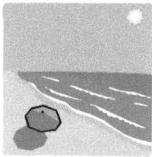

пляж

lewatleng

кредитна картка

karata ya mokitlana

сніданок

dijo tša mesong

обід

matena

вечеря

dijo tša mantšiboa

квиток

thikethe

ліфт

lifithi

поштова марка

setempe

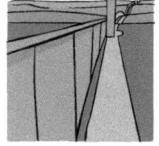

межа

border

митниця

setlwaedi

посольство

embassy

віза

visa

паспорт

phasepoto

транспорт

senamelwa

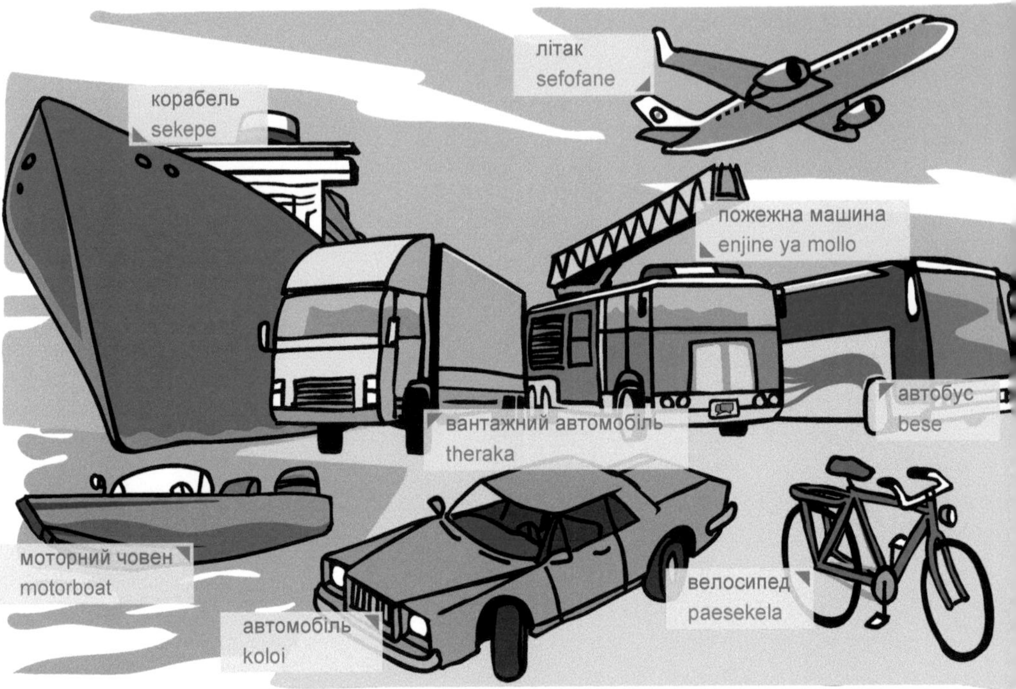

літак
sefofane
корабель
sekepe
пожежна машина
enjine ya mollo
автобус
bese
вантажний автомобіль
theraka
моторний човен
motorboat
велосипед
paesekela
автомобіль
koloi

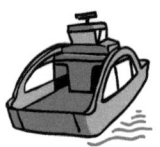

пором
feri

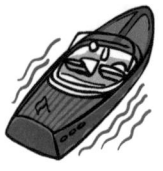

човен
sekepe

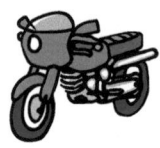

мотоцикл
sethuthuthu

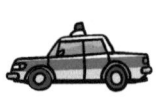

поліцейська машина
koloi ya maphodisa

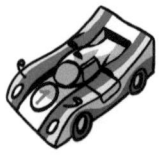

гоночний автомобіль
koloi ya go šiašiana

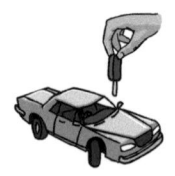

автомобіль на прокат
koloi ya go rentišwa

спільне користування авто

go arogana koloi

евакуатор

theraka ya go goga

сміттєвоз

theraka ya ditlakala

двигун

mmotho

паливо

makhura

автозаправна станція

seteišene sa makhura

дорожній знак

leswao la therafiki

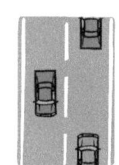

рух

therafiki

затор

therafiki

стоянка

lefelo la go phaka dikoloi

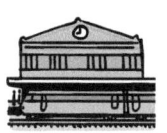

вокзал

seteišene sa terene

рейки

tsela

потяг

terene

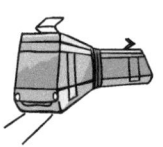

трамвай

theramo

вагон

koloi

гелікоптер
sefofane

аеропорт
boemafofane

вежа
serokami

пасажир
monamedi

контейнер
seswari

коробка
lepokisana

візок
khathe

кошик
basket

стартувати / приземлятися
go tloga / go kwatama

місто

toropo

село
motse

центр міста
bogareng bja toropo

дім
ntlo

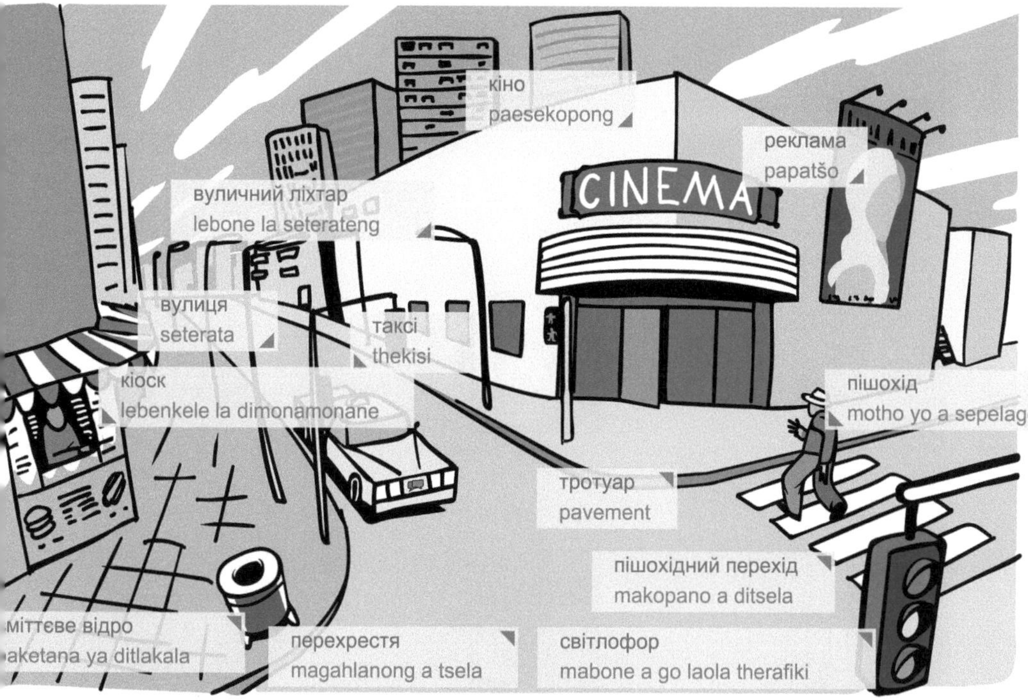

кіно
paesekopong

реклама
papatšo

вуличний ліхтар
lebone la seterateng

вулиця
seterata

таксі
thekisi

кіоск
lebenkele la dimonamonane

пішохід
motho yo a sepelago

CINEMA

тротуар
pavement

пішохідний перехід
makopano a ditsela

міттєве відро
saketana ya ditlakala

перехрестя
magahlanong a tsela

світлофор
mabone a go laola therafiki

хатина

mokutwana

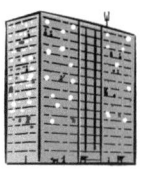

квартира

folete

вокзал

seteišene sa terene

ратуша

holo ya toropong

музей

museamo

школа

sekolo

університет

yunibesithi

банк

panka

лікарня

sepetlele

готель

hotele

аптека

lebenkele la dihlare

офіс

ofisi

книжковий магазин

lebenkele la dipuku

магазин

lebenkele la dijo

квітковий магазин

lebenkele la matšoba

супермаркет

lebenkele la dihlare

ринок

mmakete

універмаг

lebenkele la dilo tše dintši

торговець рибою

fishmonger's

торговельний центр

lefelo la mabenkele

гавань

boemakepe

парк
....
phaka

лава
....
bench

міст
....
leporogo

сходи
....
ditepisi

метро
....
ka tlase

тунель
....
thanele

автобусна зупинка
....
boemela pese

бар
....
bar

ресторан
....
lebenkele la dijo

поштова скринька
....
lepokisi la poso

вулична табличка
....
leswao la seterata

лічильник паркування
....
mithara wa go phaka koloi

зоопарк
....
zuu

басейн
....
letamo la go rutha

мечеть
....
lefelo la mamoseleme

ферма

polasa

забруднення
навколишнього
середовища
tshilafalo

кладовище

mabitla

церква

kereke

дитячий майданчик

lefelo la go bapala

храм

tempele

ландшафт
lefelo la dithaba

листок
letlakala

вказівний стовп
leswao la tsela

шлях
tsela

луг
lefelo kgauswi le noka

камінь
letlapa

дерево
mohlare

мандрівник
mophara thaba

річка
noka

трава
bjang

квітка
letšoba

долина

tsela

гора

thaba

озеро

letangwana la meetsi

ліс

sethokgwa

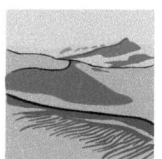

пустеля

leganata

вулкан

thabamollo

замок

ntlo e kgolo

веселка

molalatladi

гриб

mushroom

пальма

palm tree

комар

monang

муха

fofa

мурашка

ditšhošwane

бджола

nosi

павук

segokgo

жук

khunkhwane

жаба

segwagwa

вивірка

squirrel

їжак

noko

заєць

mmutla

сова

leribiši

птах

nonyana

лебідь

mogolodi

кабан

kolobe ya naga

олень

phuthi

лось

phuthi

гребля

letamo

вітряк

wind turbine

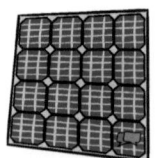

сонячний модуль

phanele ya solar

клімат

leratadima

ресторан
lebenkele la dijo

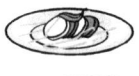

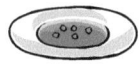

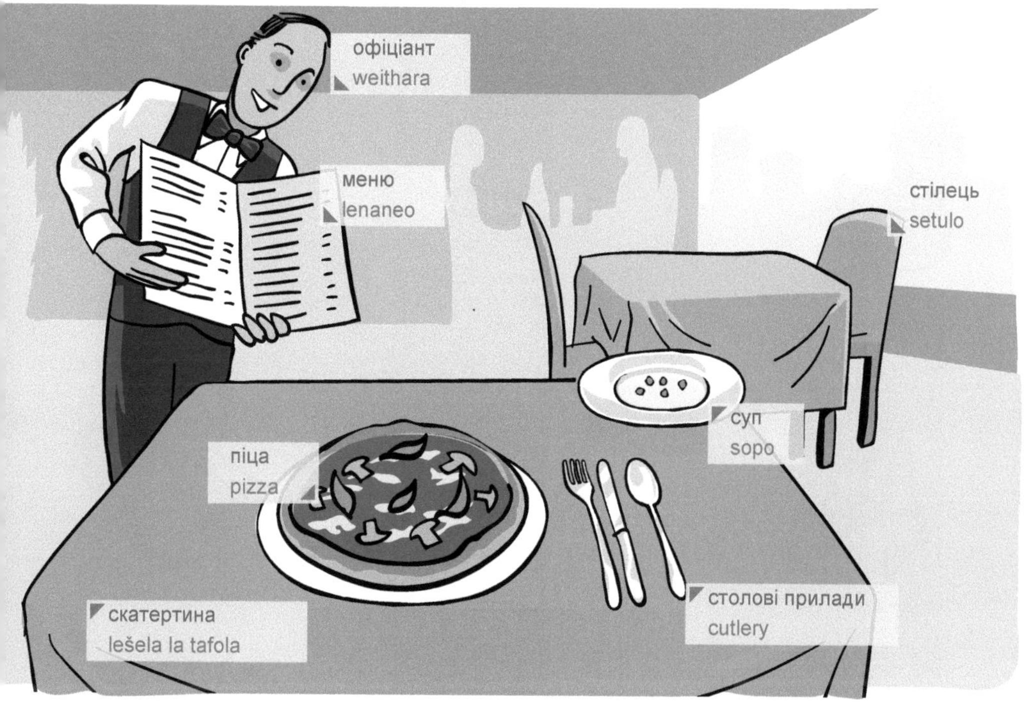

офіціант
weithara
меню
lenaneo
стілець
setulo
суп
sopo
піца
pizza
скатертина
lešela la tafola
столові прилади
cutlery

закуска

dijo tša mathomo

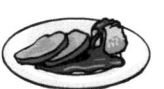

друга страва

dijo

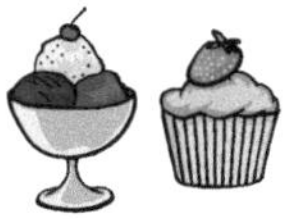

десерт

dimonamonane

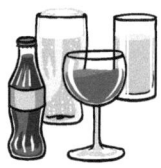

напої

dino

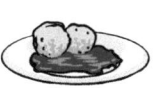

їжа

dijo

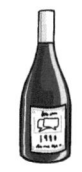

пляшка

lepotlelo la ngwana

фаст-фуд

fastfood

вулична їжа

dijo tša seterateng

чайник

ketlele ya tea

цукорниця

poleitana swikiri

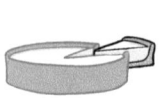

порція

karolo

еспресо-машина

motšhene wa espresso

високий стільчик

setulo sa godimo

рахунок

tefo

піднос

therei

ніж

thipa

вилка

foroko

ложка

lelepola

чайна ложка

lelepola

серветка

lešela la go iphomola

склянка

galase

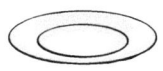

тарілка

poleite

тарілка для супу

poleite ya sopo

блюдце

sosara

соус

moroto

солонка

poto ya letswai

млин для перцю

sešila phepha

оцет

vinegar

масло

makhura

спеції

sepaese

кетчуп

tamatisoso

гірчиця

masetete

майонез

mayonnaise

супермаркет
lebenkele la dihlare

пропозиція
dithekišo tša tlase
FOR
клієнт
moreki
молочні продукти
dijo tša go ba le maswi
фрукти
dikenywa
візок для покупок
teroli

BUTCHERS

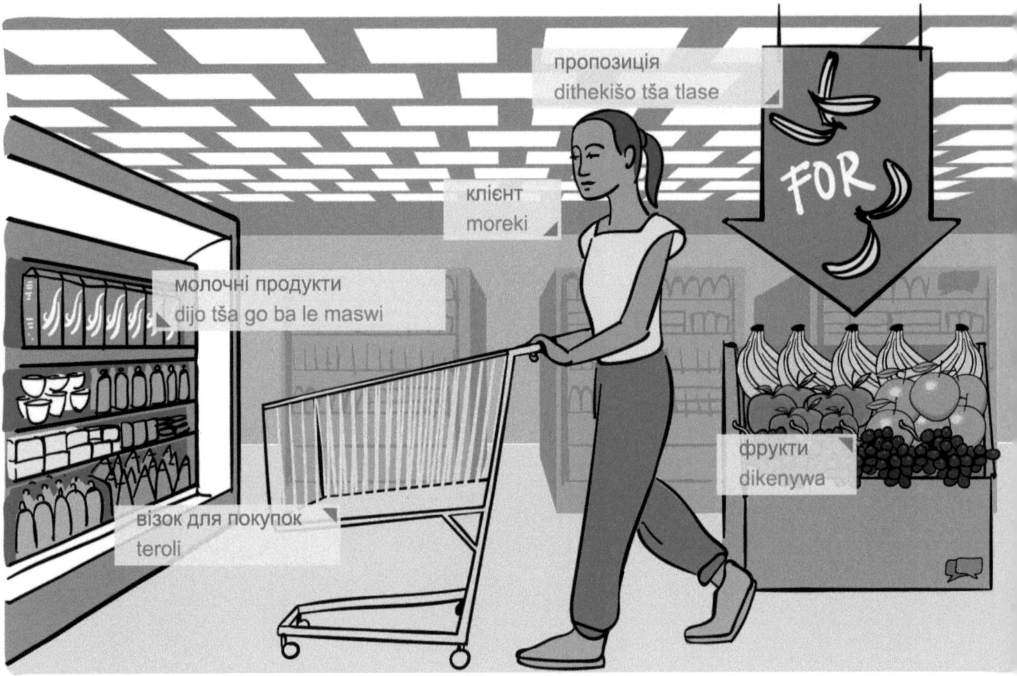

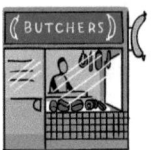

м'ясний магазин

selaga

BAKERY

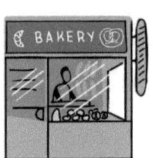

пекарня

moapei wa dikuku

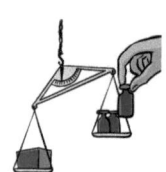

зважувати

kala

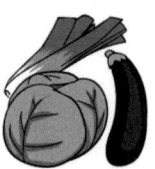

овочі

merogo

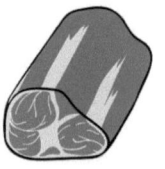

м'ясо

nama

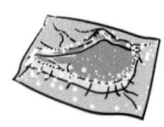

заморожені продукти

dijo tše gahlišitšwego

ковбасна нарізка

nama ya go tonya

консерви

tinned food

пральний порошок

sešepi sa go hlatswa

солодощі

dimonamonane

предмети домашнього побуту

dilo tša ka ntlong

мийний засіб

didirišwa tša go hlwekiša

продавщиця

morekiši

каса

till

касир

morekiši

список покупок

lenaneo la tše rekišwago

часи роботи

diiri tša go bula

гаманець

sepatšhe

кредитна картка

karata ya mokitlana

сумка

peke

поліетиленовий пакет

peke ya polasetiki

вода

meetsi

сік

Juice

молоко

maswi

кола

coke

вино

beine

пиво

bhiri

алкоголь

bjala

какао

cocoa

чай

tea

кава

kofi

еспресо

espresso

капучіно

cappuccino

банан

banana

яблуко

apola

апельсин

namome

кавун

melon

лимон

namone

морква

carrot

часник

garlic

бамбук

bamboo

цибуля

keiye

гриб

mushroom

горішки

ditokomane

локшина

noodles

спагеті

spaghetti

рис

raese

салат

salate

картопля фрі

ditšhipisi

смажена картопля

matapola a gadikilwego

піца

pizza

гамбургер

hambeka

бутерброд

sandwich

шніцель

cutlet

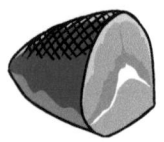

шинка

ham

салямі

salami

ковбаса

sausage

курка

kgogo

печеня

gadika

риба

hlaphi

вівсяні пластівці

bogobe bja oats

мюслі

muesli

кукурудзяні пластівці

cornflakes

борошно

folouro

круасан

croissant

булочка

dipanse

хліб

borotho

тостовий хліб

toaster

печиво

dipisikiti

масло

botoro

сир

curd

пиріг

kuku

яйце

lee

яєчня

lee le gadikilwego

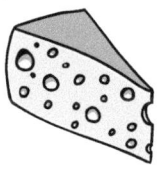

сир

tshese

морозиво

ice cream

цукор

swikiri

мед

todi ya dinosi

мармелад

jeme

нуга-крем

chocolate spread

карі

curry

ферма
polasa

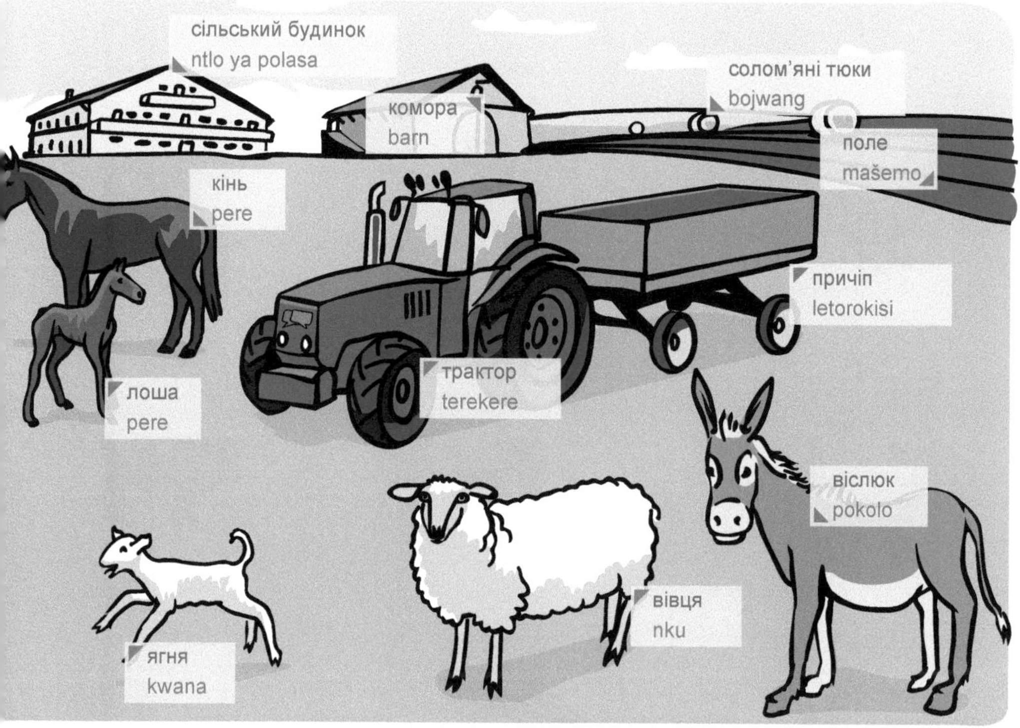
сільський будинок
ntlo ya polasa
солом'яні тюки
bojwang
комора
barn
поле
mašemo
кінь
pere
причіп
letorokisi
лоша
pere
трактор
terekere
віслюк
pokolo
вівця
nku
ягня
kwana

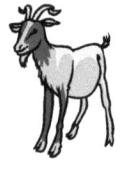

коза

pudi

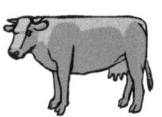

корова

kgomu

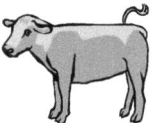

теля

namane

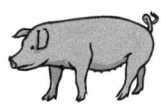

свиня

kolobe

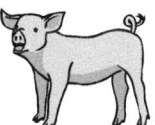

порося

kolobjana

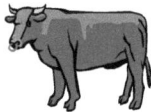

бик

poo

гусак

leganse

качка

leganse

курча

letswienyane

курка

kgogo

півень

mokoko

щур

legotlo

кіт

katse

миша

legotlo

віл

pholo

собака

mpšha

собача будка

ntlwana ya mpšha

садовий шланг

lethompo la seratswana

лійка

khene ya meetse

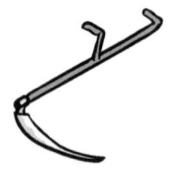

коса

peke

плуг

megoma ya terekere

серп
sekele

мотика
mogoma

вила
foroko

сокира
selepe

тачка
kiribai

корито
letangwana la meetsi

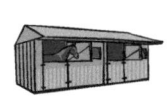

бідон молока
khene ya maswi

мішок
lesaka

паркан
fense

хлів
stable

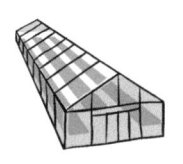

теплиця
ntlwana ya galase ya dihlare

ґрунт
mobu

насіння
peu

добриво
manyora

комбайн
motšhene wa go buna

пожинати

buna

урожай

buna

корінь ямсу

tse monate

пшениця

korong

соя

soy

картопля

letapola

кукурудза

korong

ріпак

rapeseed

плодове дерево

mohlare wa dikenywa

маніок

cassava

злаки

disereale

димохід
tšhemela

дах
marulelo

водостічний лоток
phaephe ya drain

вікно
lefasetere

гараж
karatše

дзвінок
nakana ya lebati

двері
lebati

відро для сміття
pakete ya matlakala

поштова скринька
lepokisi la maletere

сад
serapana

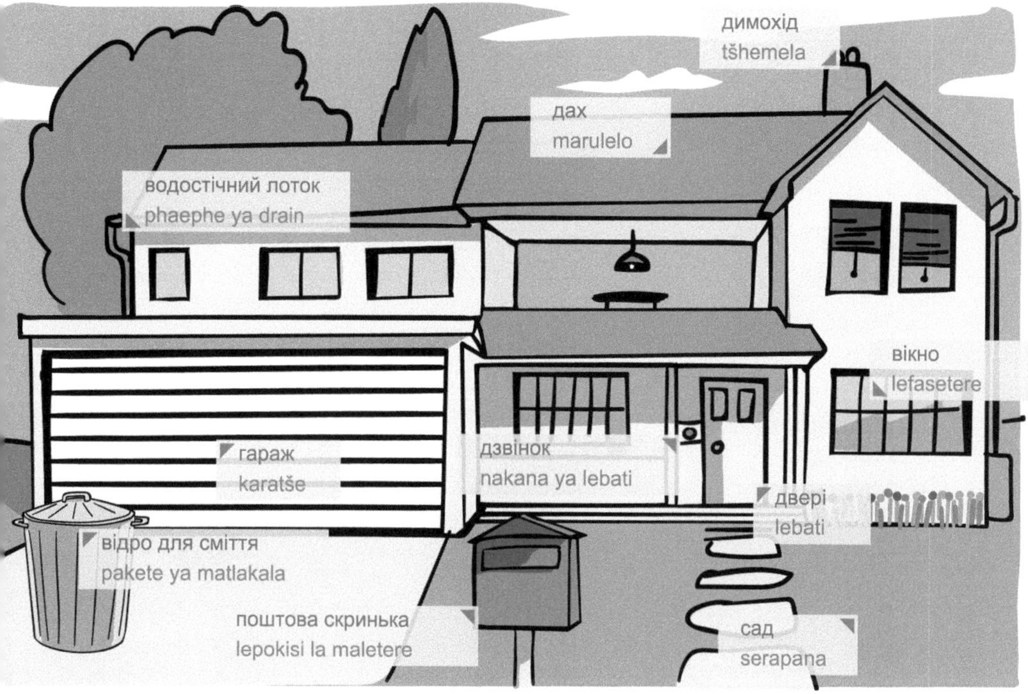

вітальня

phapoši ya go dula

ванна кімната

kamora ya go hlapela

кухня

boapeelo

спальня

phapoši ya go robala

дитяча кімната

phapoši ya bana

їдальня

lefelo la boiketlo

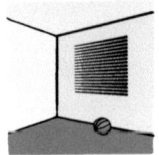

підлога

fase

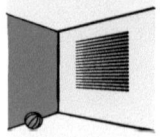

стіна

lebota

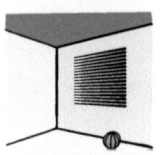

стеля

siling

підвал

cellar

сауна

sauna

балкон

letsikangope

тераса

lelapa

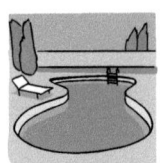

басейн

letamo la go rutha

косарка

motšhene wa go sega bjang

простирало

lešela la go iphomola

ковдра

lešela la mpeto

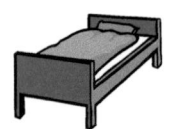

ліжко

mpeto

мітла

leswielo

відро

pakete

перемикач

pholaka

вітальня
phapoši ya go dula

шпалери
senepe sa sedirišwa
малюнок
senepe
лампа
lebone
поличка
shelofe
шафа
khaboto
телевізор
thelebišene
камін
lefelo la mollo
квітка
letšoba
подушка
kobo
диван
sofa
ваза
vase
пульт
remote control

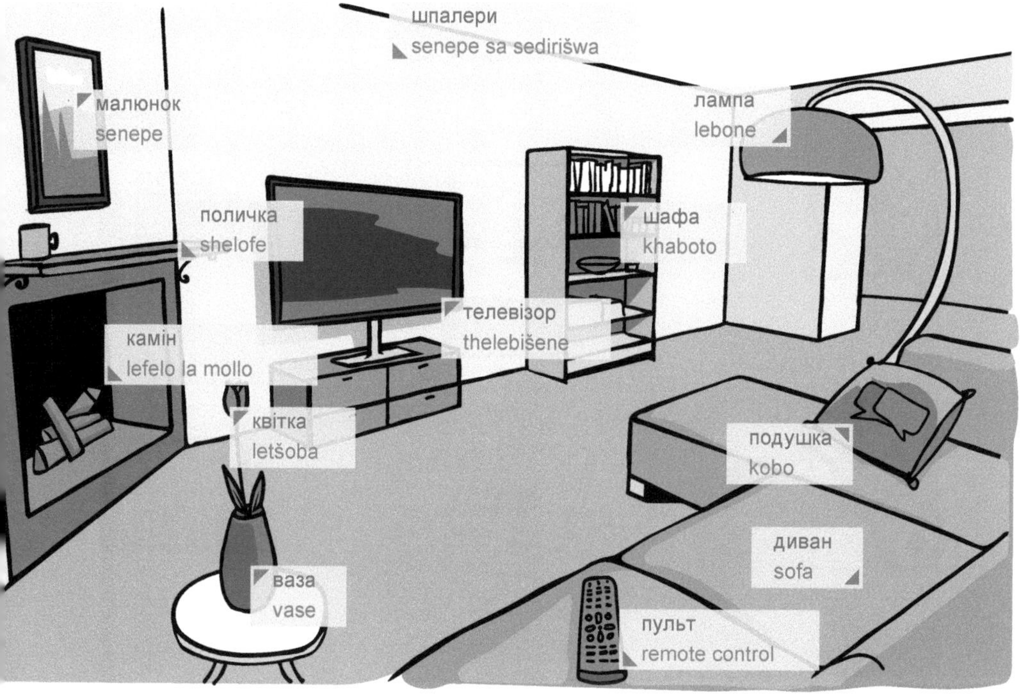

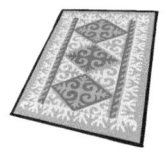

килим

khaphete

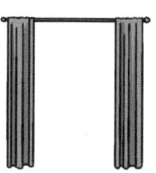

завіса

garetene

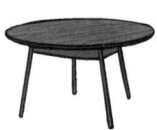

стіл

tafola

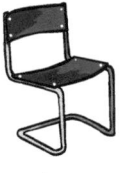

стілець

setulo

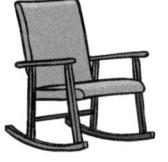

крісло-гойдалка

rocking chair

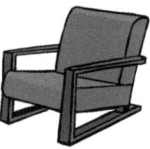

крісло

armchair

книга
buka

ковдра
kobo

прикраса
bokgabišo

дрова
dikota tša mollo

фільм
filimi

стереосистема
sedirišwa sa hi-fi

ключ
senotlelo

газета
kuranta

картина
go penta

плакат
phouseta

радіо
radio

блокнот
pukwana ya go ngwala

пилосос
motšhene wa go hlwekiša

кактус
mohlašana wa cactus

свічка
kerese

кухня
boapeelo

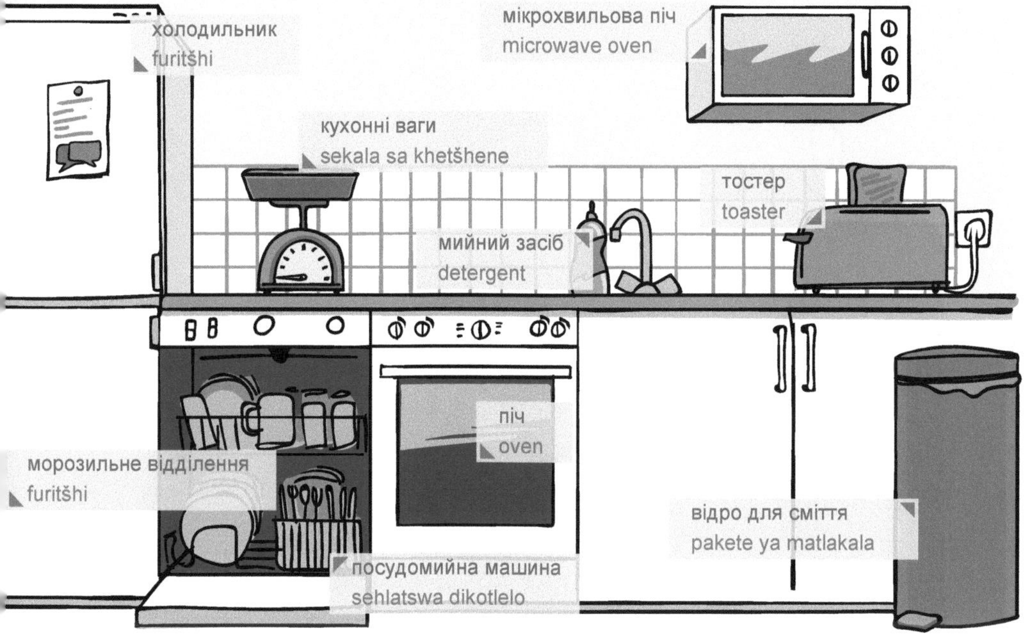
холодильник
furitšhi
мікрохвильова піч
microwave oven
кухонні ваги
sekala sa khetšhene
тостер
toaster
мийний засіб
detergent
піч
oven
морозильне відділення
furitšhi
відро для сміття
pakete ya matlakala
посудомийна машина
sehlatswa dikotlelo

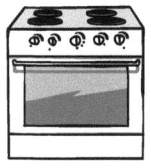

плита
moapei

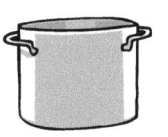

горщик
pitša

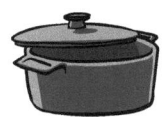

чавунний горщик
cast-iron pot

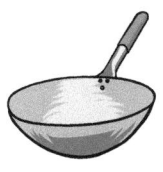

вок / кадай
wok / kadai

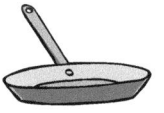

сковорода
pane

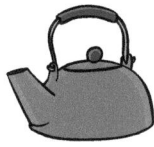

чайник
ketlele

пароварка

steamer

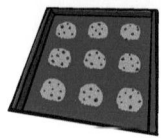

лист

therei ya go paka

посуд

dikotlelo

кухоль

komiki

чаша

mogopo

палички для їжі

diphathana tša go ja

черпак

lelepola la ladle

лопатка

spatula

вінчик для збивання

whisk

сито

strainer

сито

sefo

терка

kereitara

ступка

mortar

барбекю

barbecue

багаття

thuntša

дошка

boto ya dijo

качалка

rolling pin

штопор

sebula lepotlelo

конзерва

khene

відкривачка

sebula khene

прихватки

seswara dipoto

раковина

sinki

щітка

borashe

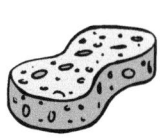

губка

sepontše

міксер

sehlakanyi

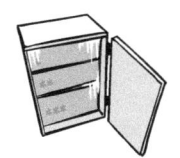

морозильна камера

freezer

дитяча пляшка

lepotlelo la ngwana

кран

pompi

ванна кімната

kamora ya go hlapela

опалення
borutho
душ
šawara
рушник
toulo
душова завіса
garetene ya šawara
пiниста ванна
bubble bath
ванна
bata
склянка
galase
пральна машина
motšhene wa go hlatswa
кран
pompi
плитка
dithaele
горшок
poto
раковина
sinki

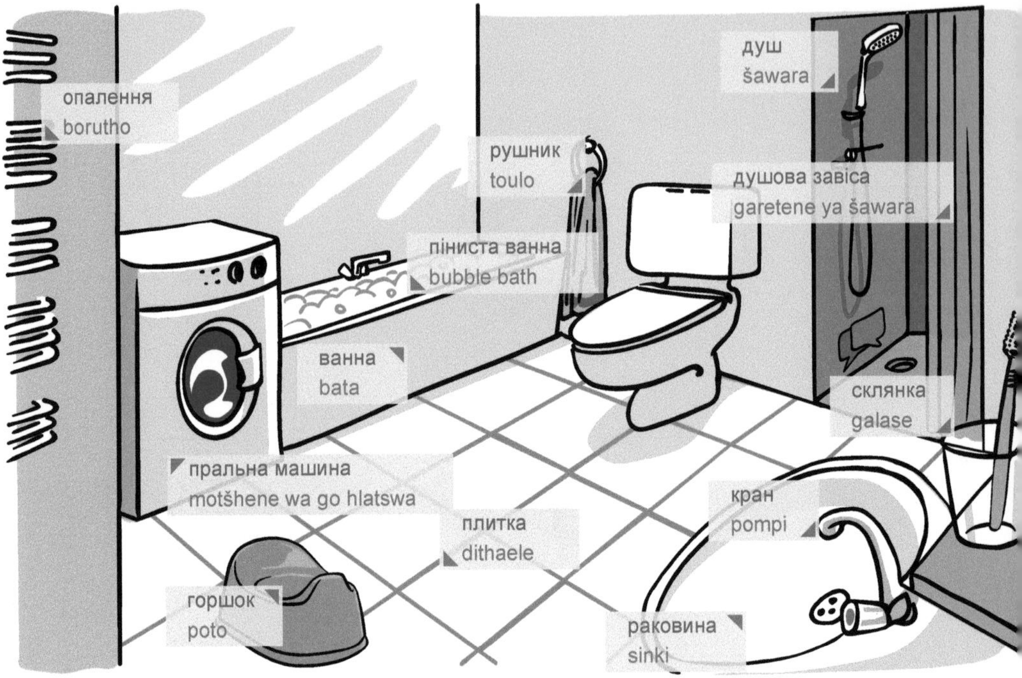

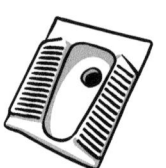

туалет

ntlwana

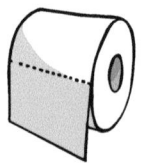

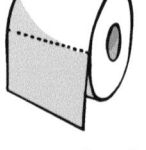

підлоговий туалет

ntlwana ya ho tshorama

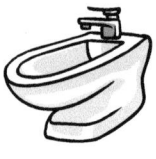

біде

bidet

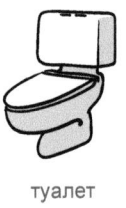

пісуар

moroto

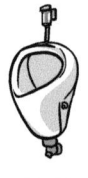

туалетний папір

pampiri ya ntlwana

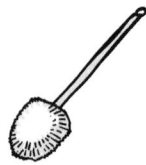

щітка для туалету

boraše ya ntlwana

зубна щітка

poraše ya ho hlapa meno

зубна паста

sešepi sa meno

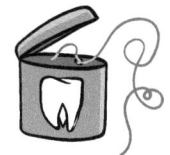

нитка для чищення зубів

floss ya meno

мити

hlatswa

ручний душ

shawara ya go swarwa ka matsogo

інтимний душ

douche

таз

basin

щітка для спини

back brush

мило

sešepi

гель для душу

sešepi sa ka šawareng

шампунь

shampoo

мочалка

folene

водостік

drain

крем

sa go tlola

дезодорант

senkgiša bose

дзеркало

seipone

косметичне дзеркало

sepili se senyenyane

бритва

legare

піна для гоління

shaving foam

лосьйон після гоління

aftershave

гребінь

kamo

щітка

boraše

фен

derayara ya moriri

лак для волосся

setlola sa moriri

косметика

makeup

губна помада

setlola sa molomo

лак для нігтів

varnish ya manala

вата

wulu

ножиці для нігтів

sekero sa dinala

парфум

phefumo

косметичка

pekana ya tša go hlapa

табурет

setulo

ваги

sekala

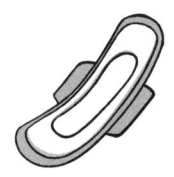

халат

toulwana ya go hlapa

гумові рукавички

ditlelafo tša rabara

тампон

tampon

гігієнічні прокладки

toulo ya go phumula matsogo

біотуалет

ntlwana ya dikhemikhale

будильник
watšhe ya alamo

м'яка іграшка
mpopi

іграшковий автомобіль
koloi ya go bapadiša

брязкальце
rattle ya bana

ляльковий будиночок
ntlo ya mepopi

подарунок
present

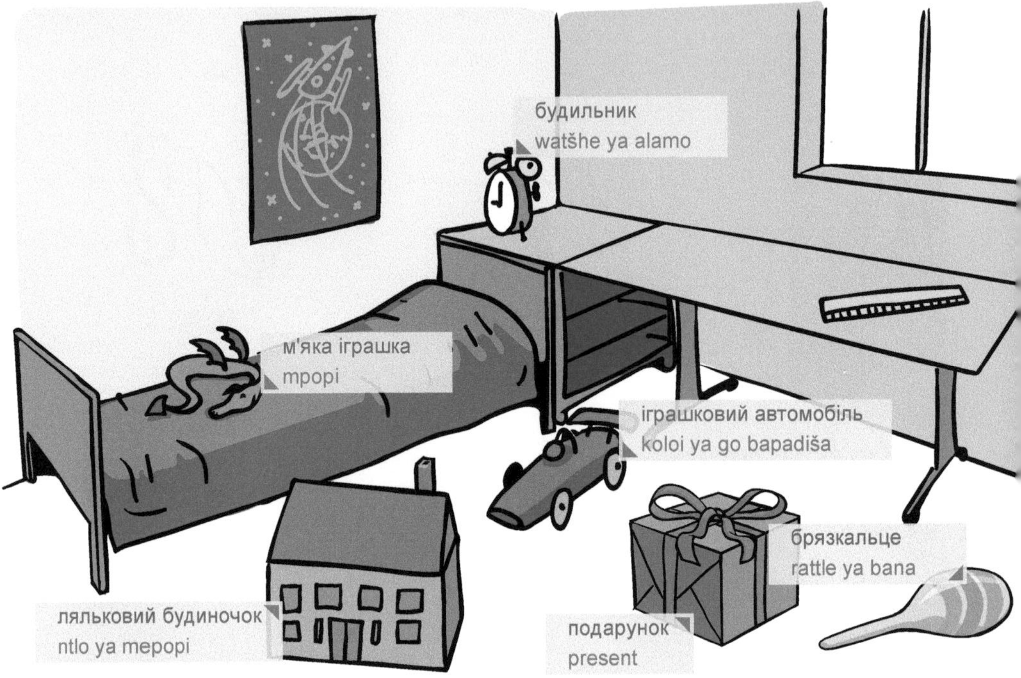

повітряна кулька

baluni

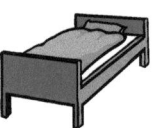

ліжко

mpeto

дитячий візок

phorema

картярська гра

dikarata

пазл

papadi ya jigsaw

комікс

metlae

лего цеглинки

papadi ya lego bricks

блоки

papadi ya building blocks

іграшкова фігурка

action figure

повзунки

go gola ga ngwana

фризбі

papadi ya Frisbee

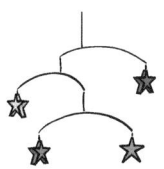

мобіле

mobile

настільна гра

papadi ya boto

кубик

letaese

модель залізнична станція

model train set

соска

tami

вечірка

phathi

книжка з картинками

puku ya dinepe

м'яч

kgwele

лялька

mpopi

грати

bapala

пісочниця

sandpit

гойдалка

swing

іграшка

tša go bapadiša

гральна консоль

sedirišwa sa dipapadi tša bidio

триколісний велосипед

paesekele ya bana

плюшевий мішка

teddy bear

шафа

oteropo

одяг

diaparo

шкарпетки

masokisi

панчохи

masokisi

колготки

pentihouso

шарф
sekhafo

ремінь
lepanta

парасоля
amporela

футболка
sekhipha

чоботи
diputsu

домашнє взуття
deselephara

кросівки
diteki

сандалі	взуття	гумові чоботи
ramphešane	dieta	diputsu tša rabara
труси	бюстгальтер	нижня сорочка
borokgwana bja ka fase	seaparo sa bra	besete

боді

mmele

штани

marokgo

джинси

pokathe

спідниця

sekhethe

блузка

seaparo sa blouse

сорочка

hempe

пуловер

jase

светр

jase

піджак

seaparo sa blazer

куртка

baki

пальто

jase

дощовик

jase ya pula

костюм

khosetumo

сукня

roko

весільна сукня

lešira

костюм

sutu

нічна сорочка

seaparo sa go robala

піжама

dipejama

сарі

sari

головна хустка

sekafo

чалма

turban

бурка

seaparo sa burqa

кафтан

roko ya kaftan

абая

abaya

купальник

seaparo sa go rutha

плавки

diteranka

шорти

marukgwana a manyenyane

тренувальний костюм

terekesutu

фартух

apron

рукавички

ditlelafo

гудзик

konope

окуляри

digalase

браслет

boreiselete

ланцюг

nekeleise

кільце

palamonwana

сережка

lengena

шапка

kepisi

плічка

hengere ya jase

капелюх

kefa

краватка

thai

застібка-блискавка

zip

шолом

helmete

підтяжки

braces

шкільна форма

diaparo tša sekolo

уніформа

unifomo

нагрудник

seaparo sa bib

соска

tami

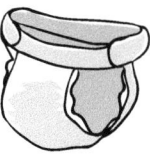

підгузок

mongato

сервер
sebara

шаф для документів
lekase la difaele

принтер
phrinthara

монітор
monitharaw

папір
letlakala

письмовий стіл
tafola

миша
mouse

папка
foldara

синтезатор
keybhoto

к для паперу
kete ya matlakala a ditšhila

комп'ютер
khomphutha

стілець
setulo

кавовий кухоль

komiki ya kofi

калькулятор

khalekhuleitha

інтернет

inthanete

ноутбук

laptop

лист

lengwalo

повідомлення

molaetša

мобільний телефон

mogalathekeng

мережа

netweke

копіювальний пристрій

motšhene wa go
photokhopa

програмне забезпечення

software

телефон

mogala

розетка

pholaka ya sokete

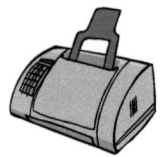

факс

motšhine wa go fekesa

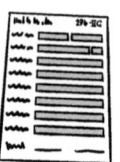

бланк

fomo

документ

dipampiri

купувати

reka

платити

lefa

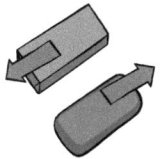

торгувати

rekiša

гроші

tšhelete

долар

dollar

євро

euro

ієна

yen

рубль

rouble

франк

Swiss franc

юанів женьміньбі

renminbi yuan

рупія

rupee

банкомат

lefelo la go ntšha tšhelete

обмінний пункт

lefelo la go fetola tšhelete

золото

gauta

срібло

silifera

нафта

oil

енергія

matla

ціна

poraese

контракт

konteraka

податок

motšhelo

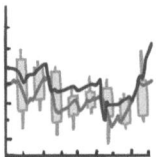

акція

setokho

працювати

mošomo

працівник

mošomi

роботодавець

mothwadi

фабрика

feketori

магазин

lebenkele la dijo

поліцейський
lephodisa

пожежник
setimamollo

повар
apea

лікар
ngaka

пілот
mofofiši wa difofane

садівник

nohlokomedi wa dirapana

столяр

mmetli

швачка

moroki

суддя

moahlodi

хімік

khemise

актор

mmapadi

водій автобуса

mootledi wa pase

таксист

mootledi wa thekisi

рибалка

moswara dihlapi

прибиральниця

mosadi wa go hlwekiša

покрівельник

molokiša marulelo

офіціант

weithara

мисливець

motsomi

художник

motho wa go penta

пекар

mopaki

електрик

electrician

будівельник

moagi

інженер

moenjeneare

забійник

selaga

бляхар

polambara

листоноша

mosepediši wa poso

солдат
mohlabani

архітектор
mothadi wa dintlo

касир
morekiši

флорист
molemi wa matšoba

перукар
mologi wa moriri

кондуктор
molaodi

механік
mekhenikhe

капітан
mokapotene

дантист
ngaka ya meno

вчений
rathutamahlale

рабин
moruti

імам
moetapele wa dithapelo

монах
monk

пастор
moruti

інструменти

didirišwa

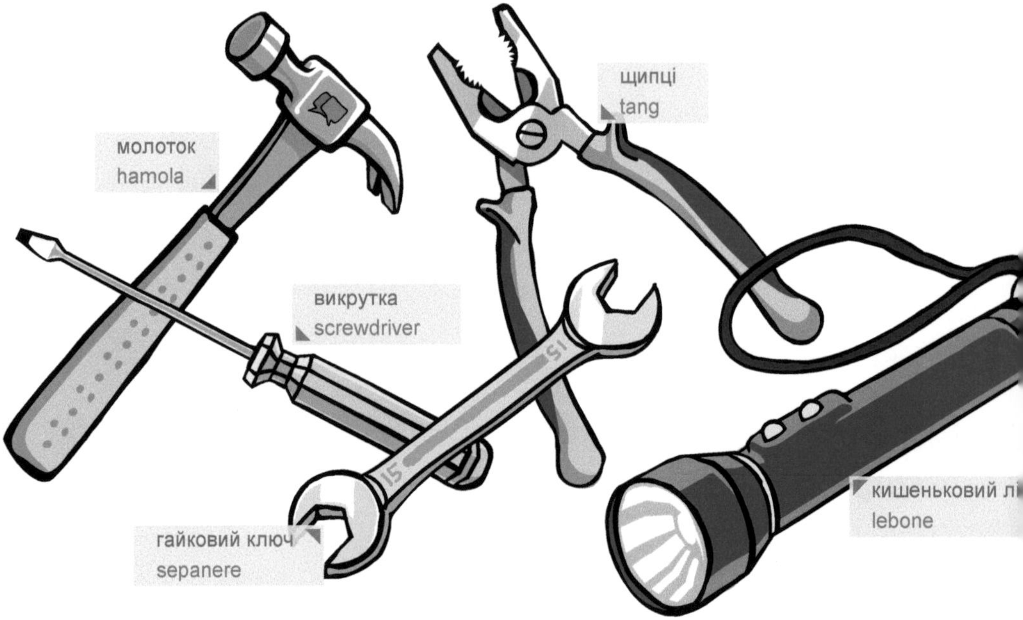

щипці
tang
молоток
hamola
викрутка
screwdriver
кишеньковий лі
lebone
гайковий ключ
sepanere

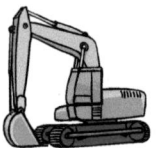

екскаватор

seepi

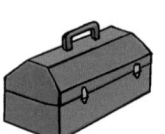

ящик для інструментів

lepokisi la dithulusi

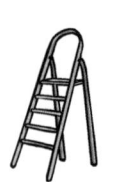

драбина

llere

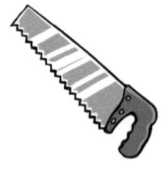

пилка

saga

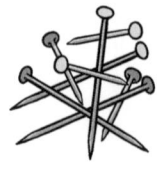

цвяхи

dipikiri

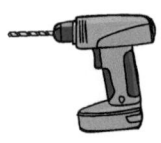

свердло

sebori

ремонтувати

lokiša

лопата

garafo

лайно!

ijoo!

совок

seolela matlakala

відро з фарбою

pitša ya pente

гвинти

sekurufu

музичні інструменти
didirišwa tša mmino

ударна установка
diteramo

динамік
segaša modumo

контрабас
beise ya gabedi

труба
porompeta

гітара
katara

фортепіано

piano

скрипка

violin

бас

beise

литаври

timpani

барабан

diteramo

клавіатура

keybhoto

саксофон

saxophone

флейта

phala

мікрофон

mmaekrofouno

зоопарк

zuu

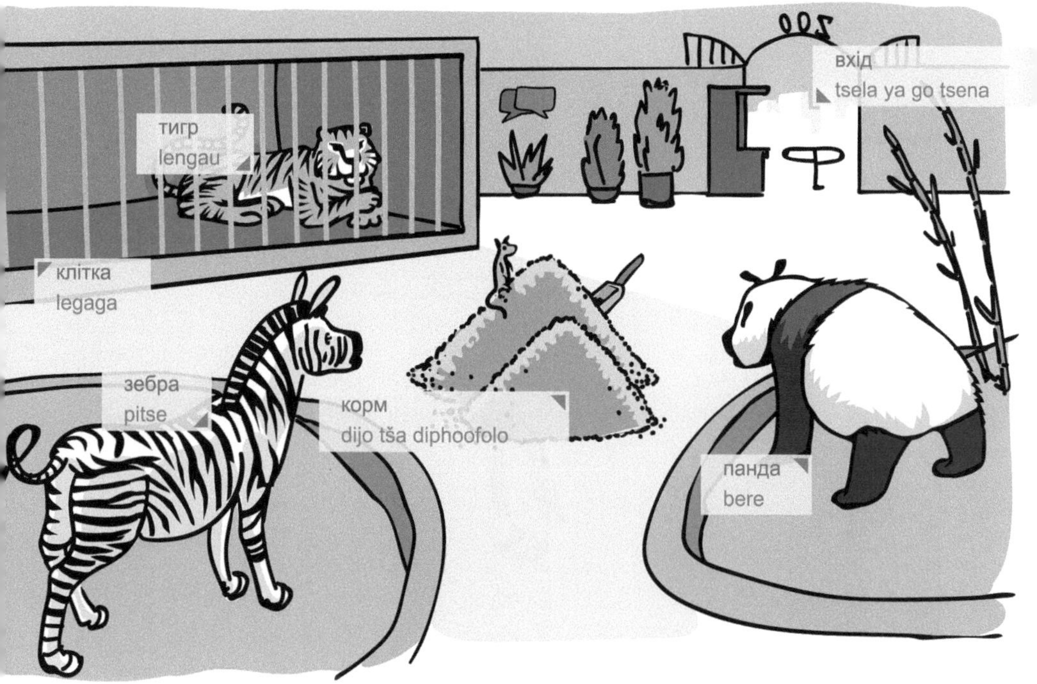

200
вхід
tsela ya go tsena
тигр
lengau
клітка
legaga
зебра
pitse
корм
dijo tša diphoofolo
панда
bere

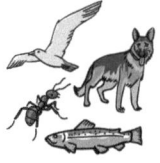

тварини

diphoofolo

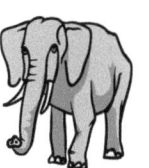

слон

tlou

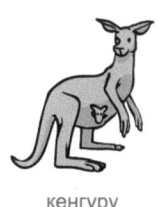

кенгуру

kangaroo

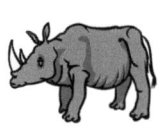

носоріг

tšhukudu

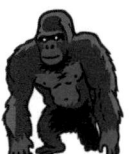

горила

gorilla

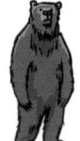

ведмідь

bere

верблюд

kamela

страус

mpšhe

лев

tau

мавпа

tšhwene

фламінго

nonyana ya flamingo

папуга

nonyana ya parrot

білий ведмідь

bere ya polar

пінгвін

penguin

акула

shark

павич

phikoko

змія

noga

крокодил

kwena

працівник зоопарку

mohlokomedi wa di zoo

тюлень

sili

ягуар

jaquar

поні

pokolo

леопард

lepogo

гіпопотам

hippo

жираф

thutlwa

орел

lenong

кабан

kolobe ya naga

риба

hlaphi

черепаха

khudu

морж

walrus

лисиця

phiri

газель

phuthi

американський футбол
kgwele ya Amerika

їзда на велосипеді
go reila paesekela

теніс
thenese

баскетбол
basketball

плавання
go rutha

бокс
ntwa ya matswele

хокей
hockey ya lehlweng

футбол
kgwele ya maoto

бадмінтон
badminton

легка атлетика
bakitimi

гандбол
polo ya matsogo

лижні перегони
skiing

поло
polo

стрибати
taboga

обіймати
gokara

сміятися
sega

співати
opela

йти
sepela

мріяти
lora

молитися
rapela

цілувати
atla

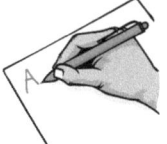

писати

ngwala

малювати

thala

показувати

bontšha

тиснути

kgorometša

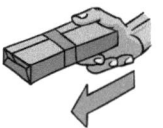

давати

efa

брати

tšea

мати

e ba le

робити

dira

бути

eba

стояти

ema

бігати

kitima

тягнути

goga

кидати

lahlela

падати

e wa

лежати

maaka

очікувати

emanyana

носити

rwala

сидіти

dula

одягати

go apara

спати

robala

просипатися

tsoga

дивитися

lebelela

плакати

lla

гладити

seterouko

розчісувати

kamo

розмовляти

bolela

розуміти

kwešiša

питати

botšiša

слухати

theetša

пити

e nwa

їсти

eja

прибирати

hlwekiša

любити

lerato

варити

apea

їхати

otlela

літати

fofa

йти під вітрилом

sesa

рахувати

khalekhuleitha

читати

bala

вчитися

ithute

працювати

mošomo

одружуватися

nyala

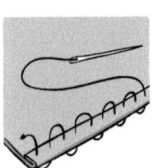

шити

roka

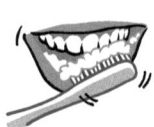

чистити зуби

hlapa meno

убивати

bolaya

курити

kgoga

посилати

romela

сім'я
lelapa

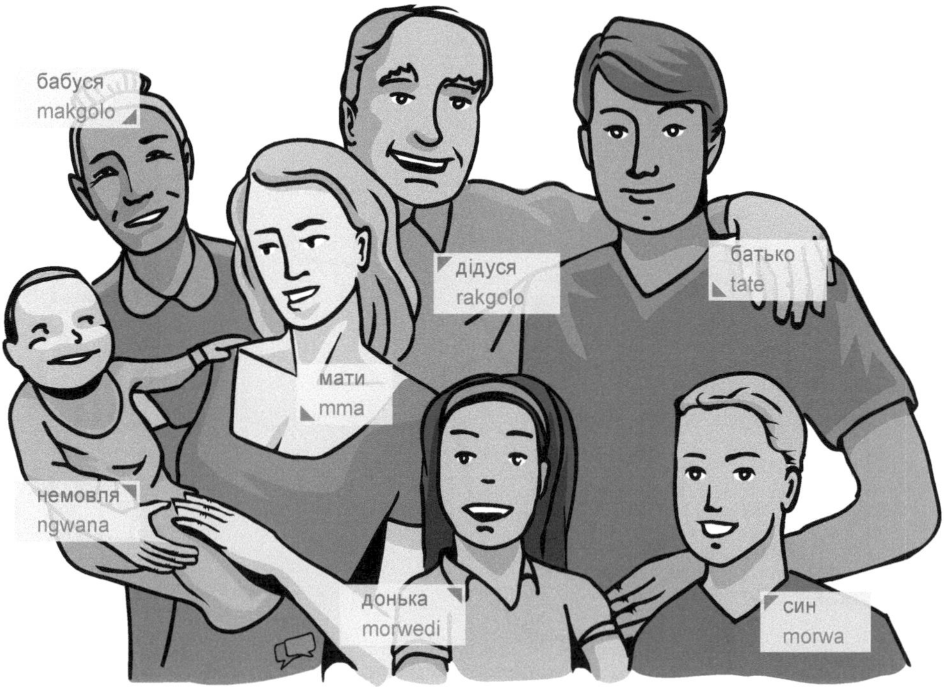
бабуся
makgolo
дідуся
rakgolo
батько
tate
мати
mma
немовля
ngwana
донька
morwedi
син
morwa

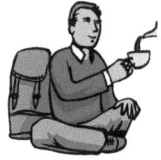

гість

moeng

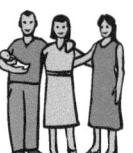

тітка

rakgadi

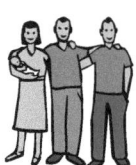

дядько

malome

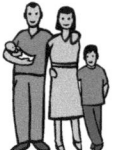

брат

abuti

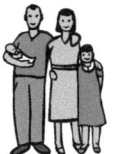

сестра

sesi

тіло

mmele

чоло
phatla
око
leihlo
плече
magetla
палець
monwana
обличчя
sefahlego
підборіддя
seledu
кисть
seatla
нога
leoto
груди
letswele
рука
letsogo

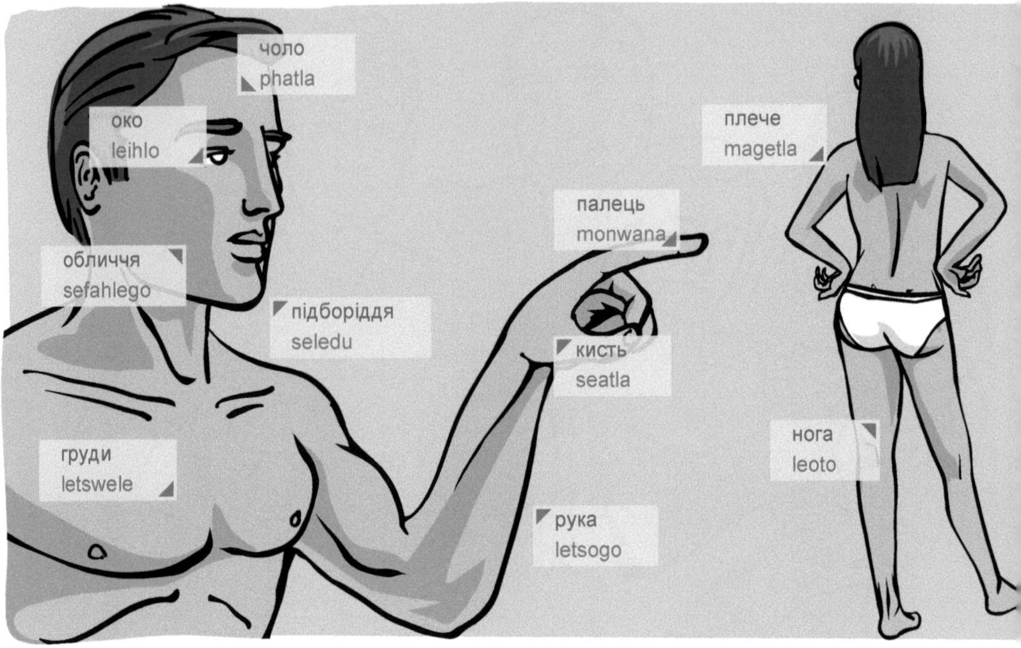

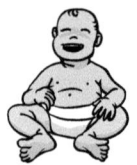

немовля

ngwana

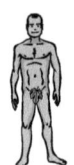

чоловік

monna

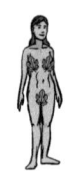

жінка

mosadi

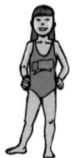

дівчина

kgarebe

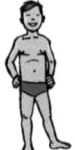

хлопчик

mošemane

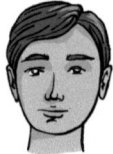

голова

hlogo

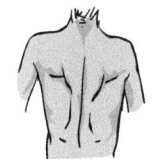

спина

morago

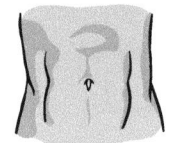

живіт

mokhaba

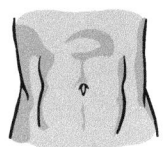

пуп

mokhubu

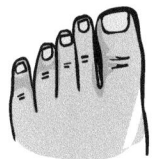

палець ноги

monwana

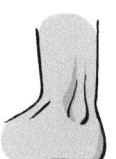

п'ята

tlhako

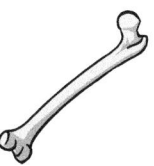

кістка

lerapo

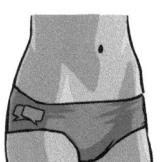

стегно

matheka

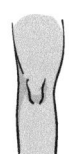

коліно

leoto

лікоть

khuru

ніс

nko

сідниці

tlase

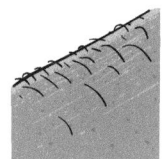

шкіра

letlalo

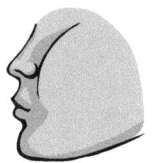

щока

lerama

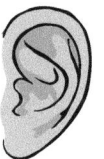

вухо

tsebe

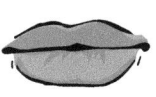

губа

molomo

рот

molomo

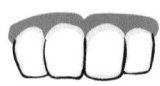

зуб

leino

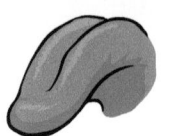

язик

Leleme

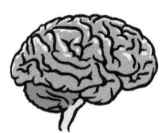

мозок

bjoko

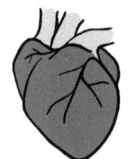

серце

pelo

м'яз

segoba

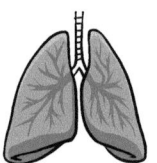

легені

maswafo

печінка

sebete

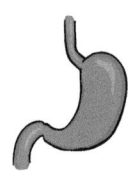

шлунок

mala

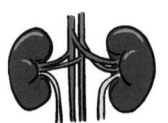

нирки

diphsio

статевий акт

thobalano

презерватив

condom

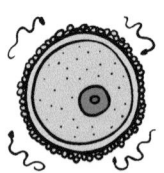

яйцеклітина

Ovum

сперма

matshedi

вагітність

go ima

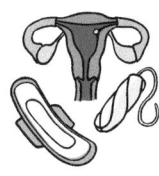

менструація
....
go bona kgwedi

вагіна
....
setho sa bosadi

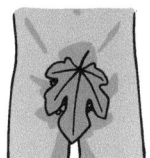

пеніс
....
setho sa bonna

брова
....
dintši

волосся
....
moriri

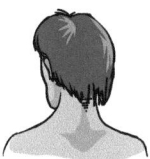

шия
....
molala

лікарня

sepetlele

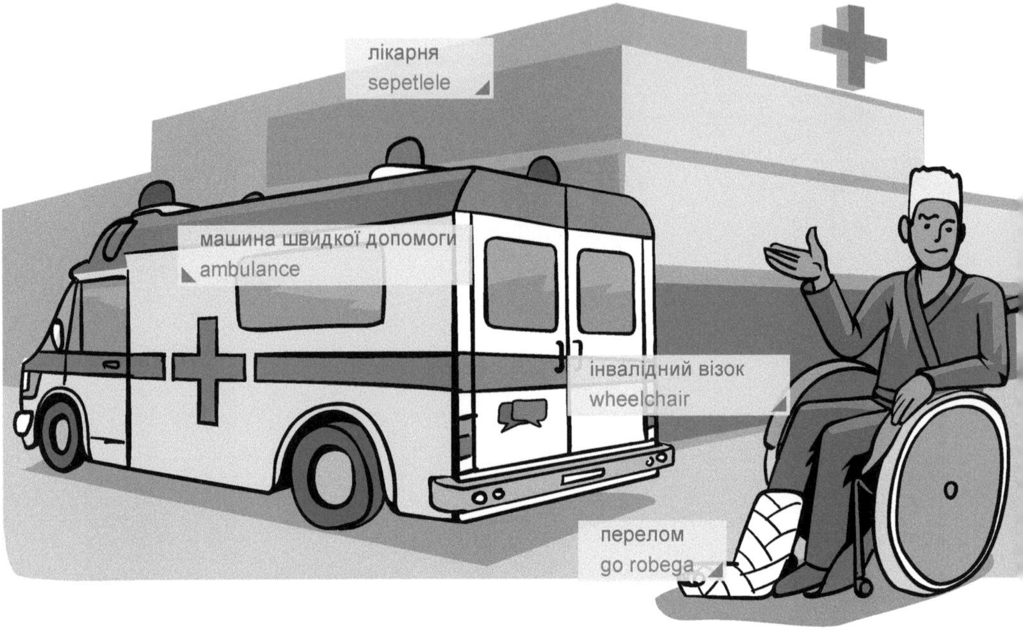

лікарня
sepetlele
машина швидкої допомоги
ambulance
інвалідний візок
wheelchair
перелом
go robega

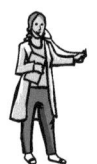

лікар

ngaka

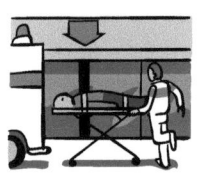

відділення швидкої медичної допомоги

phapoši ya tša tšhoganetšo

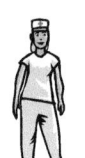

медсестра

mooki

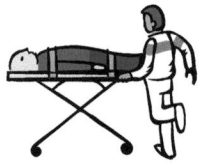

аварійний випадок

tšhoganetšo

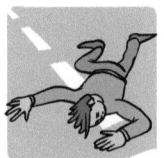

непритомний

go idibala

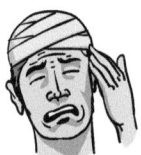

біль

bohloko

травма

go gobala

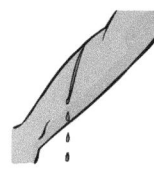

кровотеча

go tšwa madi

інфаркт

bolwetši bja pelo

інсульт

setorouko

алергія

ge mmele o ganana le dijo

кашель

go gohlola

лихоманка

go gohlola

грип

sehuba

пронос

letšhollo

головна біль

go opa ke hlogo

рак

kankere

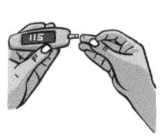

діабет

swikiri

хірург

mmui

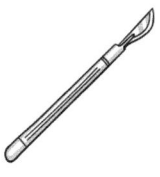

скальпель

thipa ya scalpel

операція

go bulwa

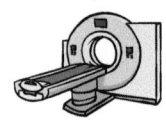

КТ

CT

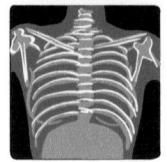

рентген

x-ray

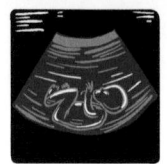

ультразвук

ultrasound

маска

sethiba sefahlego

хвороба

bolwetši

зал очікування

phapoši ya go leta

милиця

lehlotlo

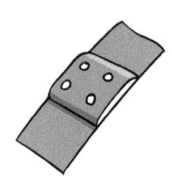

пластир

sedirišwa sa plaster

пов'язка

lešela la ntho

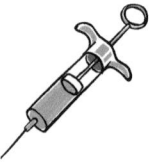

ін'єкція

nalete

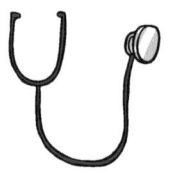

стетоскоп

sthehosekoupo

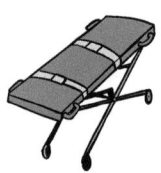

ноші

seteretšhara

термометр

themoketha ya kgathelelo

народження

go belebga

надмірна вага

mmele o mogolo

слуховий апарат

sethuša ditsebe

дезінфікуючий засіб

disinfectant

інфекція

twatši

вірус

baerase

ВІЛ / СНІД

HIV / AIDS

медицина

dihlare

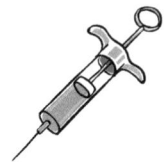

вакцинація

tlhabelo ya go thibela malwetši

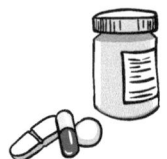

таблетки

dipilisi

протизаплідна пігулка

pilisi

екстрений виклик

mogala wa tšhoganetšo

тонометр

sehlahlobi sa pelo

хворий / здоровий

go babja / phetše gabotse

Допоможіть!

Thušo!

напад

go tšhošetšwa

сигнал тривоги

alamo

атака

tlhaselo

небезпека

kotsi

аварійний вихід

go tšwa ka tšhoganetšo

Вогонь!

Mollo!

вогнегасник

setimamollo

аварія

kotsi

аптечка

first-aid kit

СОС

SOS

поліція

maphodisa

Європа

Yuropa

Північна Америка

Amerika Bodikela

Південна Америка

Amerika Borwa

Африка

Afrika

Азія

Asia

Австралія

Australia

Атлантика

Atlantic

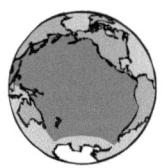

Тихий океан

Pacific

Індійський океан

Lewatle la India

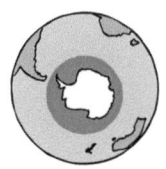

Антарктичний океан

Lewatle la Antarctic

Північний Льодовитий океан

Lewatle la Arctic

Північний полюс

North Pole

Південний полюс

South Pole

Антарктика

Antarctica

Земля

Lefase

суша

naga

море

noka

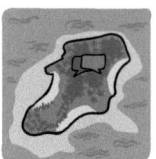

острів

island

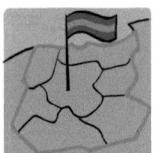

нація

naga

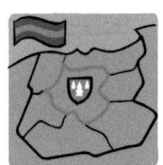

держава

state

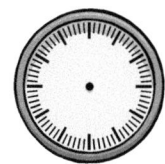

циферблат

sešupanako sa dinomoro

годинникова стрілка

diiri tša sešupanako

хвилинна стрілка

metsotso ya sešupanako

секундна стрілка

metsotswana ya
sešupanako

Котра година?

Ke nako mang?

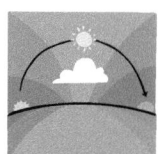

день

letšatši

час

nako

зараз

gona bjale

цифровий годинник

sešupanako sa dinomoro

хвилина

metsotso

година

iri

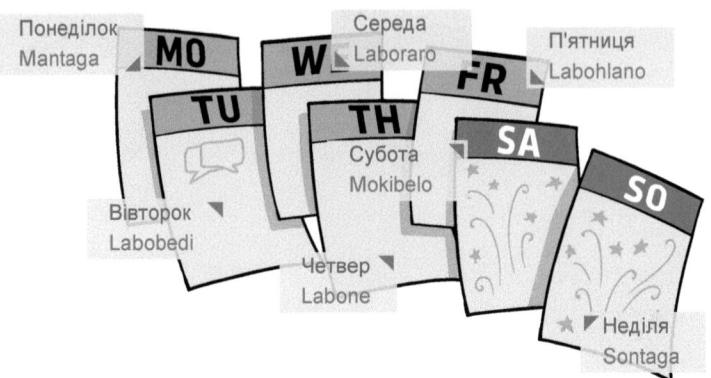

Понеділок
Mantaga

Середа
Laboraro

П'ятниця
Labohlano

Вівторок
Labobedi

Субота
Mokibelo

Четвер
Labone

Неділя
Sontaga

вчора

maobane

сьогодні

lehono

завтра

ka moswana

ранок

mesong

опівдні

Thapama

вечір

mantšiboa

робочі дні

matšatši a kgwebo

кінець робочого тижня

mafelobeke

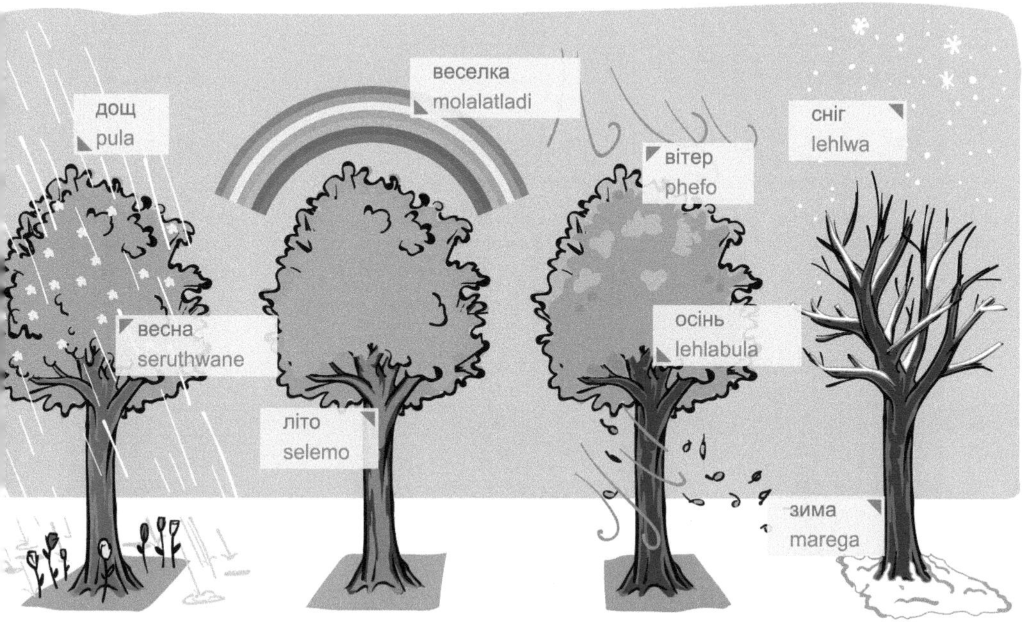

веселка
molalatladi
дощ
pula
сніг
lehlwa
вітер
phefo
весна
seruthwane
осінь
lehlabula
літо
selemo
зима
marega

4.APRIL 11°
5.APRIL 4°
6.APRIL 13°
7.APRIL 8°
8.APRIL 10°

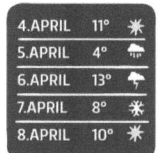

прогноз погоди

tsebišo ya leratadima

F C
120 40
90 30
60 20
30 10
0 0
-30 -10
-20

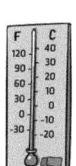

термометр

thermometer

сонячне світло

mahlasedi a letšatši

хмара

maru

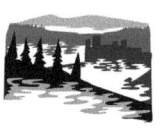

туман

kgudi

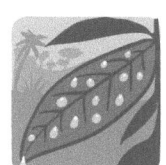

вологість повітря

go koloba

блискавка

legadima

грім

legadima

шторм

ledimo

град

sefako

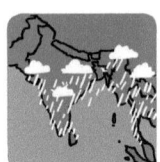

мусон

ledimo

повінь

lefula

лід

lehlwa

Січень

January

Лютий

February

Березень

March

Квітень

April

Травень

May

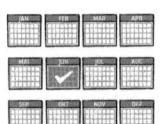

Червень

June

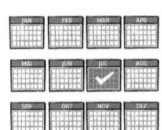

Липень

July

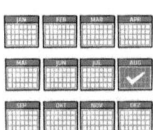

Серпень

August

рік - ngwaga

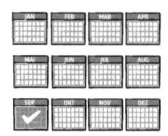

Вересень

September

Жовтень

October

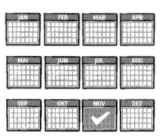

Листопад

November

Грудень

December

круг

nthokolo

квадрат

sekwere

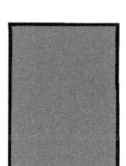

прямокутник

rectangle

трикутник

theraekele

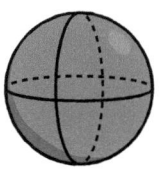

куля

nthokolo

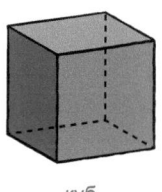

куб

cube

білий

tshweu

жовтий

kheri

помаранчевий

namone

рожевий

pinki

червоний

khubedu

фіолетовий

phepholo

синій

pududu

зелений

tala

коричневий

tshehla

сірий

kerei

чорний

bontsho

багато / мало

tše dintši / tše dinyenyane

лютий / мирний

befetšwe / theotše maswafo

гарний / бридкий

botse / befile

початок / кінець

mathomo / mafelelo

великий / малий

kgolo / nyenyane

світлий / темний

seetša / leswiswi

брат / сестра

abuti / sesi

чистий / брудний

hlwekile / ditšhila

завершений / незавершений

feletše / ga se e felele

день / ніч

mosegare / bošego

мертвий / живий

hwile / o sa phela

широкий / вузький

go bulega / go tswalelega

їстівний / неїстівний

e a jega / ga e jege

злий / дружній

bobe / go loka

збуджений / нудьгуючий

mahlahlo / go tšwafa

товстий / тонкий

bokoto / bosese

спочатку / востаннє

mathomo / mafelelo

друг / ворог

mogwera / lenaba

повний / порожній

e tletše / ga e na selo

жорсткий / м'який

tiile / e bonolo

важкий / легкий

ya roba / e bobebo

голод / спрага

tlala / mokhoro

хворий / здоровий

go babja / phetše gabotse

незаконний / законний

ga e molaong / e molaong

розумний / дурний

bohlale / lešilo

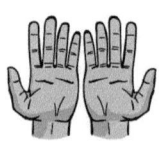

вліво / вправо

le letshadi / le letona

поруч / далеко

kgaufsi / kgole

новий / використаний

mapsha / e dirišitšwe

нічого / щось

selo / se sengwe

старий / молодий

motšofadi / mofsa

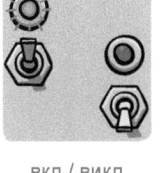

вкл / викл

laeta / tima

відкрито / закрито

bula / tswalela

тихо / гучно

homola / rasa

багатий / бідний

go huma / go diila

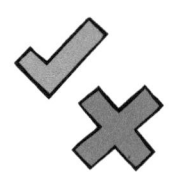

правильно / неправильно

e lokilego / e sa lokago

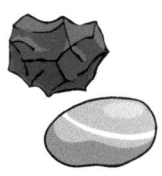

шорсткий / гладкий

makgwakgwa / go thelela

сумний / щасливий

go nyama / go thaba

короткий / довгий

mokopana / motelele

повільно / швидко

go nanya / go kitima

вологий / сухий

go koloba / go oma

гарячий / холодний

borutho / go tonya

війна / мир

ntwa / khutšo

протилежності - tša go fapana

0

нуль

nnoto

1

один

tee

2

два

pedi

3

три

tharo

4

чотири

nne

5

п'ять

tlhano

6

шість

tshela

7

сім

šupa

8

вісім

seswai

9

дев'ять

senyane

10

десять

lesome

11

одинадцять

lesome tee

12
дванадцять
lesome pedi

13
тринадцять
lesome tharo

14
чотирнадцять
lesome nne

15
п'ятнадцять
lesome tlhano

16
шістнадцять
lesome tshela

17
сімнадцять
lesome šupa

18
вісімнадцять
lesome seswai

19
дев'ятнадцять
lesome senyane

20
двадцять
masomepedi

100
сто
lekgolo

1.000
тисяча
sekete

1.000.000
мільйон
milione

англійська

Seisemane

американська англійська

Seisemane sa Amerika

китайська високочиновницька

Sechina sa Mandarin

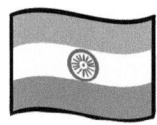

хінді

Sehindi

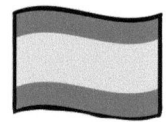

іспанська

Spanish

французька

Sefora

арабська

Searabic

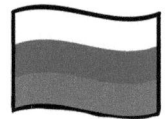

російська

Serašia

португальська

Sepotokisi

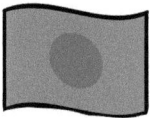

бенгальська

Sebengali

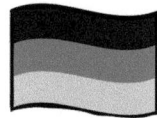

німецька

Sejeremane

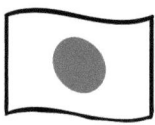

японська

Sefapane

я

Nna

ти

wena

він / вона / воно

yena / yona

ми

rena

ви

wena

вони

bona

хто?

bomang?

що?

eng?

як?

bjang?

де?

mo kae?

коли?

neng?

ім'я

leina

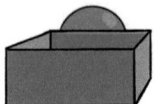

ззаду

ka morago

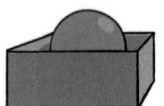

в

go

перед

kgaufsi le

над

godimo ga

на

go

під

ka tlase ga

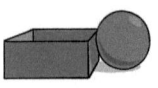

біля

ka lehlakoreng la

між

magareng ga

місце

lefelo